BEI GRIN MACHT SICH IHR WISSEN BEZAHLT

AF144450

- Wir veröffentlichen Ihre Hausarbeit,
  Bachelor- und Masterarbeit

- Ihr eigenes eBook und Buch -
  weltweit in allen wichtigen Shops

- Verdienen Sie an jedem Verkauf

Jetzt bei www.GRIN.com hochladen und kostenlos publizieren

Bibliografische Information der Deutschen Nationalbibliothek:

Die Deutsche Bibliothek verzeichnet diese Publikation in der Deutschen National-bibliografie; detaillierte bibliografische Daten sind im Internet über http://dnb.d-nb.de/ abrufbar.

Impressum:

Copyright © 2013 GRIN Verlag, Open Publishing GmbH
Druck und Bindung: Books on Demand GmbH, Norderstedt Germany
ISBN: 978-3-668-12790-6

Dieses Buch bei GRIN:

http://www.grin.com/de/e-book/313645/die-ankunft-des-kolumbus-in-der-neuen-welt-geschichte-7-klasse

Dennis Leidig

Die Ankunft des Kolumbus in der neuen Welt (Geschichte, 7. Klasse)

Eine differenzierte Quellenanalyse mithilfe von Einzel- und Gruppenarbeit, mit dem Ziel eines reflektierten historischen Zugriffes auf die Entdeckung Amerikas

GRIN Verlag

GRIN - Your knowledge has value

Der GRIN Verlag publiziert seit 1998 wissenschaftliche Arbeiten von Studenten, Hochschullehrern und anderen Akademikern als eBook und gedrucktes Buch. Die Verlagswebsite www.grin.com ist die ideale Plattform zur Veröffentlichung von Hausarbeiten, Abschlussarbeiten, wissenschaftlichen Aufsätzen, Dissertationen und Fachbüchern.

Besuchen Sie uns im Internet:

http://www.grin.com/

http://www.facebook.com/grincom

http://www.twitter.com/grin_com

1. Längerfristige Unterrichtszusammenhänge

1.1 Leitgedanken und Intentionen

Legitimation

Die hier dargestellte Unterrichtsreihe wird unter anderem durch den aktuellen Kernlehrplan für das Fach Geschichte an Realschulen in Nordrhein-Westfalen legitimiert. Im Inhaltsfeld 4 „ Neue Welten und neue Horizonte", wird das Thema „Entdeckungsreisen der Europäer" explizit genannt.[1]

Im Rahmen der Bildung von Sachkompetenz sollen Motive für diese Entdeckungsreisen im Geschichtsunterricht untersucht und ihr Verlauf dargestellt werden.[2]

Neben dem Kernlehrplan legitimiert sich diese Unterrichtsreihe auch durch das Interesse der Schüler für das Abenteuerliche und Spannende, mit welchem die Themen Entdeckungen, Eroberer und Seefahrer durchaus einhergehen. Besonders für Jungen sind diese Themenfelder oft interessant.

Lernausgangslage

Seit Beginn meines Vorbereitungsdienstes im Mai 2013 habe ich in der Klasse 7C (28 SuS) hospitiert, sowie einige Unterrichtsstunden selbst übernommen. Die Lerngruppe ist mir mir gegenüber relativ aufgeschlossen, wobei zuletzt auch einige Probleme bezüglich des Störverhaltens aufgetreten sind.

In den vorangegangen Stunden hat die Lerngruppe die Gründe für die europäischen Entdeckungsreisen erarbeitet. Es wurde erörtert welche Waren aus Indien (bzw. Asien) in Europa begehrt und teuer waren und auf welchen Handelsrouten (Seidenstraße, Gewürzroute) diese nach Europa gelangt sind.

Weiterhin wurde geklärt, warum sowohl Spanier, als auch Portugiesen versuchten einen Seeweg nach Indien zu finden und welche Routen die jeweiligen Entdecker genommen haben.

---

[1] Kernlehrplan für die Realschulen in Nordrhein-Westfalen im Fach Geschichte vom 01.08.2011, S. 14

[2] Ebd. S. 26

1

Bezüglich der Entdeckungsfahrt des Kolumbus haben die Schüler bereits Kenntnisse darüber, welche Schwierigkeiten bei dieser langen Seereise aufgetreten sind und worin der Irrtum des Kolumbus bestand.

Sachanalyse, didaktische Reduktion

In der Hoffnung einen schnellen Seeweg zu den lukrativen Handelsmärkten in Indien zu finden, entschloss sich das spanische Königspaar im Jahr 1492 den Schiffskapitän Christoph Kolumbus mit Geld und Schiffen zu unterstützen.

Basierend auf der Annahme einer Kugelgestalt der Erde und einer entsprechenden Karte des Gelehrten Toscanellis verfolgte Kolumbus den Plan Indien auf einem westlichen Seeweg zu erreichen. Im Gegensatz zu der recht langen und beschwerlichen Route rund um Afrika, welche von den Portugiesen erschlossen wurde, erhoffte Kolumbus einen weitaus kürzeren Seeweg nach Indien zu entdecken, indem er seine Schiffe unbeirrt in Richtung Westen navigierte.

Nachdem die geplante Dauer der Fahrtzeit von nur drei Wochen nach über zwei Monaten bereits deutlich überschritten war, ging Kolumbus am 12 Oktober 1492 auf einer Insel der Bahamas an Land. Von den Einheimischen Guanahani genannt, gab Kolumbus dieser Insel den spanischen Namen „San Salvador", welcher sich mit „Heiliger Retter" übersetzen lässt.

Bereits die Wahl der Namensgebung gibt einen Hinweis auf die Absicht einer christlichen Missionierung. Weitere Beweggründe für die Entdeckungsreise des Kolumbus waren die Aussicht auf einträgliche Handelsmärkte und wertvolle Güter wie zum Beispiel Gold und Silber.

Außerdem hatte Kolumbus den Auftrag neu entdeckte Gebiete im Namen der spanischen Krone in Besitz zu nehmen.

Die erste Begegnung zwischen den spanischen Entdeckern und der einheimischen Bevölkerung wird durch unterschiedliche Quellen belegt bzw. thematisiert. In der vorliegenden Unterrichtsstunde soll mit den beiden wohl wichtigsten Quellen diesbezüglich gearbeitet werden, mit dem Ziel die unterschiedlichen Sichtweisen der bei diesem Ereignis beteiligten Personen (Personengruppen) herauszuarbeiten.

Der Auszug aus dem Bordbuch des Kolumbus[3] erlaubt den Schülern einen guten Einblick auf die Sichtweise des Kolumbus und seinen Einstellungen gegenüber der einheimischen Inselbevölkerung. Ein Kupferstich des niederländischen Künstlers des Bry aus dem Jahre 1594 und dem Titel „Kolumbus' Ankunft in Amerika" bietet die Möglichkeit auch die Verhaltensweisen und Gefühle der Inselbewohner zu betrachten, von denen keine schriftlichen Aufzeichnungen dieses Ereignisses vorhanden sind.

---

[3] Christoph Kolumbus, Bordbuch– Briefe- Bericht e- Dokumente, Ernst G. Jakob, Berlin 1968, S. 88ff

1.2 Tabellarische Darstellung der längerfristigen Unterrichtszusammenhänge

Std.	Themen der Unterrichtsstunden	Beabsichtigter Lernzuwachs und Kompetenzentwicklung
1. Std.	**Kostbarkeiten aus dem fernen Osten** – Eine Kartenanalyse mithilfe des Atlasses.	- Kenntnisse über teure Luxusgüter im ausgehenden Mittelalter und deren Herkunft. - Schulung im Umgang mit Kartenmaterial.
2. Std.	**Seidenstraße und Gewürzroute** – Haupthandelswege für europäische Luxusgüter aus dem fernen Osten und die Risiken ihrer Nutzung.	- Kenntnisse über die Gefahren beim Transport von Luxusgütern mithilfe von Karawanen oder Schiffen nach Europa.
3. Std.	**Seeweg nach Indien gesucht** – aufkommende Probleme im Fernhandel mit Asien und deren Lösung.	- Kenntnisse über die Handelserschwernisse durch das Osmanische Reich und die Intention der Länder Portugal und Spanien diese zu umgehen, sowie Venedigs Alleinstellung im Handel mit dem fernen Osten aufheben.
4. Std.	**Portugals Weg nach Indien** – Erarbeitung wichtiger Etappen der portugiesischen Entdeckungsreisen mit dem Ziel der Erstellung einer Zeitleiste.	- Kenntnisse über die wichtigsten Etappen der portugiesischen Umschiffung Afrikas.
5. Std.	**Westwärts nach Indien?** **Die Idee des Christoph Kolumbus** Schüleraktivierende Auseinandersetzung mit der Idee des Kolumbus anhand eines Rollenspieles.	- Kenntnisse über die Idee des Kolumbus einen westlichen Seeweg nach Indien zu finden. - Kenntnisse über die Zweifel und Hoffnung von Menschen (Matrosen) dieser Zeit. - Fähigkeit die Denkweise von Zeitgenossen nachzuvollziehen. - Fähigkeit Arbeitsergebnisse szenisch darzustellen.
6. Std.	**Kolumbus entdeckt Amerika** - Erarbeitung der Ziele und Schwierigkeiten von Kolumbus Entdeckungsfahrt, anhand von Sachtexten, mithilfe von Partnerarbeit, Lerntempoduett und Gruppenarbeit.	- Kenntnisse über die Ziele des Christoph Kolumbus, sowie des spanischen Königspaares bezüglich der Entdeckung eines westlichen Seeweges nach Indien. - Kenntnisse über die Schwierigkeiten während der Entdeckungsreise des Kolumbus und bezüglich des Irrtums des Kolumbus Indien entdeckt zu haben.
7. Std.	**Die Ankunft des Kolumbus in der neuen Welt** – Eine differenzierte Quellenanalyse mithilfe von Einzel- und Gruppenarbeit, mit dem Ziel eines reflektierten historischen Zugriffes auf die Entdeckung .	- Kenntnisse über die unterschiedlichen Sichtweisen, Einstellungen und Gefühlen von Spaniern und Eingeborenen während der Landung des Kolumbus auf der Insel Guanahani. - Fähigkeit die Perspektive zu wechseln und andere Sichtweisen nachzuvollziehen.

2. Planung der Unterrichtsstunde

2.1 Legitimation

Die vorliegende Stunde findet ihre Legitimation im Inhaltsfeld 4 des aktuellen Kernlehrplans für das Fach Geschichte an Realschulen in Nordrhein-Westfalen. Durch das Aufbrechen eindimensionaler Sichtweisen soll ein reflektierter historischer Zugriff auf die Fragestellung, was die Entdeckungen und Eroberungen für die Entdecker bzw. Entdeckten bedeuteten, eröffnet werden.[4]

Dies soll den Schülern eine Bewertung der Entdeckungen unter Berücksichtigung der Sicht der Eroberer und der eingeborenen Bevölkerung ermöglichen und somit die Herausbildung von Urteilskompetenz fördern.[5]

2.2 Lernaufgabe

Die vorliegende Unterrichtsstunde hat ihren Schwerpunkt im Begreifen der unterschiedlichen Sichtweisen von Spaniern und Eingeborenen bei ihrem ersten Aufeinandertreffen. Die Bedeutung dieses Ereignisses war für beide Parteien von enormer Tragweite und wirkte sich stark unterschiedlich auf die Zukunft der jeweiligen Partei aus.

Für Kolumbus bedeutete die Entdeckung Amerikas das Erlangen von Reichtum, Ruhm und Einfluss. Für die spanische Krone bedeutete die Entdeckung des Kolumbus eine Ausweitung des eigenen Herrschaftsgebietes, sowie die Aussicht auf lukrative Handelsgüter und Naturrohstoffe. Weiterhin spielte für das spanische Königshaus die Verbreitung des Christentums eine nicht unwesentliche Rolle. Für die einheimische Bevölkerung des amerikanischen Kontinents hatte die Ankunft der Spanier eine gänzlich andere Bedeutung. Für sie führte dieses Ereignis zu Ausbeutung und Krieg.

Die Gefühle am Tag der spanischen Landung werden ebenfalls grob unterschiedlich gewesen sein. Erleichterung, Freude, Genugtuung und ein Überlegenheitsgefühl auf Seiten des Kolumbus und Angst, Ehrerbietung und Vorsicht auf Seiten der Eingeborenen. Diese Diskrepanzen gilt es in dieser Unterrichtsstunde herauszuarbeiten.

---

[4] Kernlehrplan für die Realschulen in Nordrhein-Westfalen im Fach Geschichte vom 01.08.2011, S. 15

[5] Ebd. S. 26

2.3 Ziele der Unterrichtsstunde / Kompetenzzuwachs

Die Schülerinnen und Schüler...

- können die Motive und Einstellungen der Spanier bei der Landung auf der Insel Guanahani, anhand des Auszuges aus dem Bordtagebuch des Kolumbus, sowie des Kupferstiches des Künstlers de Bry benennen.

- können die geistigen Einstellungen und Gefühle der eingeborenen Bevölkerung bei der Landung des Kolumbus anhand des Kupferstiches des Künstlers de Bry benennen.

- können sich ein Urteil darüber bilden, welche Probleme durch die stark unterschiedlichen Einstellungen und Motive der beiden Parteien zukünftig entstehen könnten.

2.4 Verlaufsplanung

Zeit	Lehr-/Lernprozesse – Inhalte und Handlungen	Medien/Sozialform/Begründung/Kommentar
	Begrüßung der Klasse und Vorstellung der Gäste.	Positive Lern- und Arbeitsatmosphäre schaffen.
10:40 Bis 10:50	Vorstellung des Themas und Präsentation des Stundenverlaufs. **Einstieg:** Präsentation/Erarbeitung zweier Quellen mit teils unterschiedlichen Sichtweisen auf die Ankunft der Spanier in der neuen Welt und ihrem erstmaligen Aufeinandertreffen mit den Ureinwohnern Amerikas.	Planung / Klärung des Vorgehens (Prozess- und Zieltransparenz) Benennung der Leitfrage für diese Unterrichtsstunde.
	Vortrag eines Auszuges aus dem Bordbuch des Kolumbus.	Lehrervortrag
	Bildimpuls durch den Kupferstich von de Bry „Kolumbus' Ankunft in Amerika".	Unterrichtsgespräch
10:50 Bis 11:10	**Erarbeitung / Durchführung der Lernaufgabe** Verteilung der Arbeitsblätter Erläuterung der Lernaufgabe Klasse wird zweigeteilt.	Transparenz der Lernaufgabe Sicherstellung der Bearbeitung beider Sichtweisen auf das Ereignis.
	Think SuS erarbeiten ihre jeweilige Lernaufgabe in Einzelarbeit.	Einzelarbeit
	Pair SuS tauschen sich in Gruppen über ihre Arbeitsergebnisse aus und erstellen eine Sicherungsfolie mit den wichtigsten Stichpunkten zu ihrem Arbeitsthema.	Gruppenarbeit

	Präsentation der Ergebnisse	
11:10 Bis 11:18	Share SuS präsentieren ihre Arbeitsergebnisse im Plenum	Würdigung der Arbeitsergebnisse Plenum
11:18 Bis 11:25	**Ergebnissicherung** SuS notieren sich die Inhalte der Sicherungsfolien in ihr Heft.	Projektor

4. Anlagen

- Literaturverzeichnis
- Arbeitsblatt zur Sicht der Spanier
- Arbeitsblatt zur Sicht der Ureinwohner
- Arbeitsaufträge
- Stundenverlauf

Literaturverzeichnis

- Kernlehrplan für die Realschulen in Nordrhein-Westfalen im Fach Geschichte vom 01.08.2011.
- Christoph Kolumbus, Bordbuch– Briefe- Bericht e- Dokumente, Ernst G. Jakob, Deutsche Buch-Gemeinschaft Berlin 1968.
- Geschichte und Gegenwart 2, Hans Jürgen Lendzian, Schöning Verlag 2012 Paderborn
- Die Reise in die Vergangenheit 2 Nordrhein-Westfalen, Hans Ebeling und Prof. Wolfgang Birkenfeld, Westermann Verlag 2013 Braunschweig

Bildimpuls für den Stundeneinstieg

Die Ankunft des Kolumbus in der neuen Welt

Ich habe das Bild aus Datenschutztechnischen Gründen entfernt.

Es ist aber im Internet leicht zu finden.

So stellte der Künstler Theodor de Bry die Landung des Kolumbus in der neuen Welt dar.

(Kolorierter Kupferstich von 1594)

Die Ankunft des Kolumbus in der neuen Welt

Ein Ereignis - zwei Sichtweisen

Arbeitsauftrag (Eingeborene)

Schritt1: Einzelarbeit

Stelle dir vor du hättest die Landung des Kolumbus in der neuen Welt und das erste Aufeinandertreffen mit den Eingeborenen live miterlebt.

Verfasse einen Augenzeugenbericht dieses historischen Ereignisses aus der Sicht eines Eingeborenen (Ureinwohner) der entdeckten Insel.

Welche Einstellungen und welchen Eindruck hatten sie gegenüber den Spaniern und wie fühlten sie sich wohl bei ihrem ersten Aufeinandertreffen?

Nutze das Bild des Künstlers de Bry als Ausgangspunkt, um die Sicht der Ureinwohner zu verstehen. Stelle auch eigene Überlegungen an.

Der Anfang deines Berichtes könnte zum Beispiel so aussehen:

Eines Tages kamen 3 große Baumstämme (Schiffe) an unsere Küste an. Auf ihnen fuhren Wesen wie wir sie noch nie gesehen hatten....

Zeit: 15 Minuten

Schritt 2: Gruppenarbeit

Besprich dein Arbeitsergebnis kurz innerhalb deiner Gruppe und erstellt eine Folie mit den wichtigsten Stichpunkten zur Sicht der Eingeborenen auf die Ankunft der Spanier in der neuen Welt.

Zeit: 5 Minuten

Die Ankunft des Kolumbus in der neuen Welt

Ein Ereignis - zwei Sichtweisen

Arbeitsauftrag (Spanier)

Schritt1: Einzelarbeit

Stelle dir vor du hättest die Landung des Kolumbus in der neuen Welt und das erste Aufeinandertreffen mit den Eingeborenen live miterlebt.

Verfasse einen Augenzeugenbericht dieses historischen Ereignisses aus der Sicht eines spanischen Matrosen.

Bedenke mit welchen Zielen Kolumbus bzw. die Spanier allgemein auf Entdeckungsreise gingen. Welche Einstellungen und welchen Eindruck hatten sie gegenüber den Eingeborenen und was erhofften sich die Spanier?

Nutze die Einträge des Kolumbus in seinem Bordbuch, um die Sicht der Spanier zu verstehen.

Der Anfang deines Berichtes könnte zum Beispiel so aussehen:

Nach einer unendlich langen Seereise entdeckten wir endlich eine Insel. Unser Kapitän Christoph Kolumbus nahm mich mit an Land um die Insel zu erkunden. Dort trafen wir auf einheimische Inselbewohner.....

Zeit: 15 Minuten

Schritt 2: Gruppenarbeit

Besprich dein Arbeitsergebnis kurz innerhalb deiner Gruppe und erstellt eine Folie mit den wichtigsten Stichpunkten zur Sicht der Spanier auf ihre Ankunft in der neuen Welt.

Zeit: 5 Minuten

Die Ankunft des Kolumbus in der neuen Welt

Hier war das Bild aus dem Einstieg nochmals als Illustration zu sehen.

Wurde aus Gründen des Datenschutzes entfernt.

So stellte der Künstler Theodor de Bry die Landung des Kolumbus in der neuen Welt dar.
(Kolorierter Kupferstich von 1594)

Land in Sicht

Auszüge aus dem Bordbuch des Kolumbus

Um zwei Uhr morgens kam das Land in Sicht, (...). Dort erblickten wir sogleich nackte Eingeborene. Ich begab mich (...) an Bord eines mit Waffen versehenen Bootes an Land. Dort entfaltete ich die königliche Flagge (...). Ich rief die beiden Kapitäne und auch die anderen, (...), zu mir und sagte ihnen, sie sollten durch ihre persönliche Gegenwart als Augenzeugen davon Kenntnis nehmen, dass ich im Namen des Königs und der Königin, meiner Herrin, von der gesamten Insel Besitz ergreife (...).

Sofort sammelten sich an jener Stelle zahlreiche Eingeborene der Insel an. Und der Kenntnis, dass es sich um Leute handle, die man weit besser durch Liebe als mit dem Schwert retten und zu unserem heiligen Glauben bekehren könne, gedachte ich, sie mir zu Freunden zu machen, und schenkte also einigen von ihnen rote Kappen und Halsketten aus Glas und noch andere Kleinigkeiten von geringem Wert, worüber sie sich ungemein erfreut zeigten. Sie erreichten schwimmend unsere Schiffe und brachten uns Papageien, Knäuel von Baumwollfäden, Wurfspieße und viele andere Dinge tauschten sie gegen Dinge ein, die wir ihnen gaben, Glasperlen und Glöckchen. Kurz sie nahmen einfach alles und gaben bereitwillig von allem, was sie besaßen. Aber mir schien es, als seien sie in jeder Hinsicht außerordentlich arme Leute. Sie gehen allesamt nackt herum ... Sie tragen keine Waffen und kennen sie auch nicht, denn ich zeigte ihnen Schwerter, und sie fassten sie an der Schneide an und schnitten sich aus Unwissenheit. Sie haben überhaupt kein Eisen...

Ich glaube, dass man sie leicht zum Christentum bekehren könnte. Ich werde bei meiner Abfahrt sechs Leute von ihnen mitnehmen, damit sie Spanisch sprechen lernen...

Quelle: Christoph Kolumbus, Bordbuch–Briefe-Berichte-Dokumente, ausgewählt und eingeleitet von Ernst G. Jakob, Bremen o.j., S. 88 ff. (Bearbeitet durch Dennis Leidig)

Sicherungsfolie

Die Ankunft des Kolumbus in der neuen Welt

Ein Ereignis - zwei Sichtweisen

Die Sichtweise der Spanier auf ihre Ankunft in der neuen Welt und ihr erstes Aufeinandertreffen mit den Ureinwohnern Amerikas.

-

-

-

Die Sichtweise der Ureinwohner auf die Ankunft der Spanier in der neuen Welt und ihre erste Begegnung mit ihnen.

-

-

-

BEI GRIN MACHT SICH IHR WISSEN BEZAHLT

- Wir veröffentlichen Ihre Hausarbeit,
  Bachelor- und Masterarbeit

- Ihr eigenes eBook und Buch -
  weltweit in allen wichtigen Shops

- Verdienen Sie an jedem Verkauf

Jetzt bei www.GRIN.com hochladen
und kostenlos publizieren